T0054709

A Millie Schwanke

CAPRICORNIO

Una guía para la mejor vida astrológica

STELLA ANDROMEDA

ILUSTRACIONES DE EVI O. STUDIO

cincotintas

Introducción   7

I.

Conoce a Capricornio

II.

Capricornio en profundidad

III.

Quiero saber más

Introducción

En el pronaos del templo de Apolo en Delfos había una inscripción con la frase «Conócete a ti mismo». Se trata de una de las ciento cuarenta y siete máximas, o normas de conducta, de Delfos y se le atribuyen al propio Apolo. Más adelante, el filósofo Sócrates amplió la idea y afirmó que «una vida sin examen no merece ser vivida».

Las personas buscamos el modo de conocernos a nosotras mismas y de encontrar sentido a la vida e intentamos entender los retos que plantea la existencia humana; con frecuencia, recurrimos a la psicoterapia o a sistemas de creencias, como las religiones organizadas, que nos ayudan a entender mejor la relación que mantenemos con nosotros mismos y con los demás y nos ofrecen herramientas concretas para conseguirlo.

Si hablamos de los sistemas que intentan dar sentido a la naturaleza y a la experiencia humanas, la astrología tiene mucho que ofrecernos mediante el uso simbólico de las constelaciones celestes, las representaciones de los signos zodiacales, los planetas y sus efectos energéticos. A muchas personas les resulta útil acceder a esta información y aprovechar su potencial a la hora de pensar en cómo gestionar su vida de un modo más eficaz.

¿Qué es la astrología?

En términos sencillos, la astrología es el estudio y la interpretación de la influencia que los planetas pueden ejercer sobre nosotros y sobre el mundo en el que vivimos mediante el análisis de sus posiciones en un punto temporal concreto. La práctica de la astrología se basa en una combinación de conocimientos fácticos acerca de las características de esas posiciones y la interpretación psicológica de las mismas.

La astrología es más una herramienta para la vida que nos permite acceder a sabiduría antigua y consolidada que un sistema de creencias. Todos podemos aprender a usarla, aunque no tanto como herramienta para adivinar o ver el futuro, sino como una guía que nos ofrece un conocimiento más profundo y una manera más reflexiva de entender la vida. La dimensión temporal es clave en astrología y conocer las configuraciones planetarias y las relaciones entre ellas en puntos temporales concretos puede ayudarnos a decidir cuál es el momento óptimo para tomar algunas de las decisiones importantes en nuestra vida.

Saber cuándo es probable que ocurra un cambio significativo en nuestras vidas como consecuencia de configuraciones planetarias específicas, como el retorno de Saturno (p. 103) o la retrogradación de Mercurio (p. 104), o entender qué significa que Venus esté en nuestra séptima casa (pp. 85 y 98), además de conocer las características específicas de nuestro signo zodiacal, son algunas de las herramientas que podemos usar en nuestro beneficio. El conocimiento es poder y la astrología puede ser un complemento muy potente a la hora de enfrentarnos a los altibajos de la vida y a las relaciones que forjamos por el camino.

Los 12 signos zodiacales

Cada uno de los signos del Zodíaco tiene unas características que lo identifican y que comparten todas las personas que han nacido bajo él. El signo zodiacal es tu signo solar, que probablemente conoces, ya que acostumbra a ser el punto desde el que empezamos a explorar nuestros senderos astrológicos. Aunque las características del signo solar pueden aparecer de un modo muy marcado en la personalidad, solo ofrecen una imagen parcial de la persona.

La manera como nos mostramos ante los demás acostumbra a estar matizada por otros factores que merece la pena tener en cuenta. El signo ascendente también es muy importante, al igual que la ubicación de nuestra Luna. También podemos estudiar nuestro signo opuesto, para ver qué características necesita reforzar el signo solar para quedar más equilibrado.

Una vez te hayas familiarizado con tu signo solar en la primera parte del libro, puedes pasar al apartado Quiero saber más (pp. 74-105) para empezar a explorar las particularidades de tu carta astral y sumergirte más profundamente en la miríada de influencias astrológicas que pueden estar influyéndote.

Los signos solares

La tierra necesita 365 días (y cuarto, para ser exactos) para completar la órbita alrededor del Sol y, durante el trayecto, nos da la impresión de que cada mes el Sol recorre uno de los signos del Zodíaco. Por lo tanto, tu signo solar refleja el signo que el Sol estaba atravesando cuando naciste. Conocer tu signo solar, así como el de tus familiares, amigos y parejas, no es más que el primero de los conocimientos acerca del carácter y de la personalidad a los que puedes acceder con la ayuda de la astrología.

En la cúspide

Si tu cumpleaños cae una fecha próxima al final de un signo solar y al comienzo de otra, vale la pena saber a qué hora naciste. Astrológicamente, no podemos estar «en la cúspide» de un signo, porque cada uno de ellos empieza a una hora específica de un día determinado, que, eso sí, puede variar ligeramente de un año a otro. Si no estás seguro y quieres saber con exactitud cuál es tu signo solar, necesitarás conocer la fecha, la hora y el lugar de tu nacimiento. Una vez los sepas, puedes consultar a un astrólogo o introducir la información en un programa de astrología en línea (p. 108), para que te confeccione la carta astral más precisa que sea posible.

Tauro

El toro

21 ABRIL – 20 MAYO

Tauro, con los pies en la tierra, sensual y aficionado a los placeres carnales, es un signo de tierra fijo al que su planeta regente, Venus, ha concedido la gracia y el amor por la belleza a pesar de que su símbolo sea un toro. Acostumbra a caracterizarse por una manera de entender la vida relajada y sin complicaciones, si bien terca a veces, y su signo opuesto es el acuático Escorpio.

Aries

El carnero

✵

21 MARZO - 20 ABRIL

Astrológicamente, es el primer signo del Zodíaco y aparece junto al equinoccio vernal (o de primavera). Es un signo de fuego cardinal simbolizado por el carnero y el signo de los comienzos. Está regido por el planeta Marte, lo que representa dinamismo para enfrentarse a los retos con energía y creatividad. Su signo opuesto es el aéreo Libra.

Géminis

Los gemelos

✦

20 MAYO – 20 JUNIO

Géminis es un signo de aire mutable simbolizado por los gemelos. Siempre intenta considerar las dos caras de un argumento y su ágil intelecto está influido por Mercurio, su planeta regente. Tiende a eludir el compromiso y es el epítome de una actitud juvenil. Su signo opuesto es el ardiente Sagitario.

Cáncer

El cangrejo

✦

21 JUNIO – 21 JULIO

Representado por el cangrejo y la tenacidad de sus pinzas, Cáncer es un signo de agua cardinal, emocional e intuitivo que protege su sensibilidad con una coraza. La maternal Luna es su regente y la concha también representa la seguridad del hogar, con el que está muy comprometido. Su signo opuesto es el terrestre Capricornio.

Virgo

La virgen

22 AGOSTO – 21 SEPTIEMBRE

Virgo, representado
tradicionalmente por una doncella
o una virgen, es un signo de tierra
mutable, orientado al detalle y con
tendencia a la autonomía. Mercurio
es su regente y lo dota de un
intelecto agudo que puede llevarlo
a la autocrítica. Acostumbra a
cuidar mucho de su salud y su signo
opuesto es el acuático Piscis.

Leo

El león

22 JULIO – 21 AGOSTO

Leo, un signo de fuego fijo, está
regido por el Sol y adora brillar.
Es un idealista nato, positivo
y generoso hasta el extremo.
Representado por el león, Leo
puede rugir orgulloso y mostrarse
seguro de sí mismo y muy resuelto,
con una gran fe y confianza en la
humanidad. Su signo opuesto es el
aéreo Acuario.

Escorpio
El escorpión

★

22 OCTUBRE - 21 NOVIEMBRE

Como buen signo de agua fijo, Escorpio es dado a las emociones intensas y su símbolo es el escorpión, que lo vincula así al renacimiento que sigue a la muerte. Sus regentes son Plutón y Marte y se caracteriza por una espiritualidad intensa y emociones profundas. Necesita seguridad para materializar su fuerza y su signo opuesto es el terrestre Tauro.

Libra
La balanza

★

22 SEPTIEMBRE - 21 OCTUBRE

Libra, un signo aéreo cardinal regido por Venus, es el signo de la belleza, del equilibrio (de ahí la balanza) y de la armonía en un mundo que idealiza y al que dota de romanticismo. Con su gran sentido de la estética, Libra puede ser artístico y artesanal, pero también le gusta ser justo y puede ser muy diplomático. Su signo opuesto es el ardiente Aries.

Sagitario

El arquero

✴

22 NOVIEMBRE – 21 DICIEMBRE

Representado por el arquero, Sagitario es un signo de fuego mutable que nos remite a los viajes y a la aventura, ya sea física o mental, y es muy directo. Regido por el benévolo Júpiter, Sagitario es optimista y rebosa de ideas. Le gusta la libertad y tiende a generalizar. Su signo opuesto es el aéreo Géminis.

Capricornio

La cabra

✴

22 DICIEMBRE – 20 ENERO

Capricornio, cuyo regente es Saturno, es un signo de tierra cardinal asociado al esfuerzo y representado por la cabra, de pisada firme pero a veces también juguetona. Es fiel y no rehúye el compromiso, aunque puede ser muy independiente. Tiene la disciplina necesaria para una vida laboral como autónomo y su signo opuesto es el acuático Cáncer.

Piscis

Los peces

✱

20 FEBRERO - 20 MARZO

Piscis tiene una gran capacidad para adaptarse a su entorno y es un signo de agua mutable representado por dos peces que nadan en direcciones opuestas. A veces confunde la fantasía con la realidad y, regido por Neptuno, su mundo es un lugar fluido, imaginativo y empático, en el que acostumbra a ser sensible a los estados de ánimo de los demás. Su signo opuesto es el terrestre Virgo.

Acuario

El aguador

✱

21 ENERO - 19 FEBRERO

A pesar de que estar simbolizado por un aguador, Acuario es un signo de aire fijo regido por el impredecible Urano, que arrasa con las ideas viejas y las sustituye por un pensamiento innovador. Tolerante, de mente abierta y humano, se caracteriza por la visión social y la conciencia moral. Su signo opuesto es el ardiente Leo.

Conoce a

I.

Capricornio

El signo que el Sol estaba recorriendo en el momento en el que naciste es el punto de partida clave a la hora de usar el Zodíaco para explorar tu carácter y tu personalidad.

Signo de tierra cardinal, representado por la cabra (con cola de pez).

Su regente es Saturno, el dios romano de la siembra y de la cosecha, y representa el esfuerzo y la paciencia.

SIGNO OPUESTO

Cáncer

LEMA PERSONAL

«Yo utilizo.»

Color

Los colores de Capricornio, cuyos ideales hunden sus raíces en el aquí y ahora, son el marrón y el verde oscuro, los colores de la tierra. Viste estos colores sobre todo cuando necesites un empujoncito psicológico o infundirte valor. Si no quieres vestir un color uniforme, opta por tonos más claros o más oscuros para los accesorios (zapatos, guantes, calcetines, sombrero o incluso ropa interior).

II.

Día

Sábado, el día de Saturno y el séptimo día de la semana litúrgica, además del día del Sabbat según el libro del Éxodo en el Antiguo Testamento de la Biblia, es un día de descanso para los meticulosos y esforzados Capricornio.

Piedra preciosa

El granate se asocia a la abundancia, a la capacitación personal y a la prosperidad, y se cree que conecta con la potente energía revitalizadora de la Tierra. También representa la fuerza de voluntad y la firmeza de propósito que ayuda a superar las dificultades, dos habilidades muy propias de Capricornio.

IV.

Ubicaciones

Las industriosas y esforzadas naciones de India, Bulgaria, Reino Unido, Afganistán, Haití y Sudán conectan con las cualidades de Capricornio. Algunas de las ciudades asociadas a este signo son Oxford, Brandemburgo, Delhi, Bruselas, Chicago y Ciudad de México.

Vacaciones

Aunque, a veces, al trabajador Capricornio le cuesta tomarse unas vacaciones, le gusta estar con la familia y con los amigos para recargar las pilas. También puede optar por realizar tareas de voluntariado en un proyecto ecologista para proteger especies en peligro o por entrenar en algún deporte a jóvenes en situación de exclusión. ¡Claro que también le gusta el montañismo y la escalada!

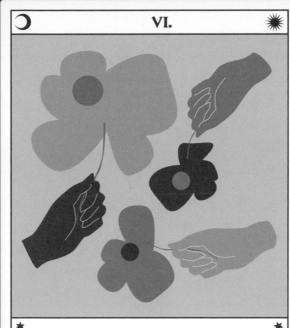

Flores

Los longevos claveles y los pensamientos, que reflejan la naturaleza reflexiva de Capricornio, son las dos flores de este signo. Y no nos olvidemos de la hiedra, conocida por su habilidad trepadora.

VII.

Árboles

La fortaleza y la resistencia de los altos pinos que crecen en las laderas de las montañas, resistiendo todas las estaciones, reflejan las características de Capricornio. Los olmos también crecen derechos y fuertes, como Capricornio.

VIII.

Mascotas

Los hurones pueden ser una mascota maravillosa para
Capricornio. Son de naturaleza tranquila pero curiosa y son
mascotas inteligentes y sociables que necesitan los cuidados
atentos y el afecto que Capricornio les puede ofrecer.

Fiestas

Cuando se trata de fiestas, Capricornio prefiere los eventos formales: una cena fastuosa para la que se pueda arreglar o un baile con una pequeña orquesta. Son almas sociales y los acontecimientos como una fiesta de fin de año o una boda exigen dotes de organización, algo que a Capricornio se le puede dar especialmente bien. Si hablamos de bebida, la cualidad terrestre de un Grand Marnier con hielo siempre le resultará atractiva.

Las características de Capricornio

A pesar de que a veces se lo considera un signo bastante aburrido, sería un error pensar así de Capricornio. Elegante, creativo, ambicioso, diligente y con un sentido del humor irónico, a poco que profundicemos nos daremos cuenta de que Capricornio es cualquier cosa menos aburrido. Por el contrario, como es un signo cardinal, ofrece una combinación muy interesante del pragmatismo de los signos de tierra, por un lado, y de una gran iniciativa, por el otro. Saturno, el gran supervisor celestial, es su regente y Capricornio es un gran trabajador que sueña a lo GRANDE y que tiene la ambición necesaria para perseguir sus sueños. Aunque a veces uno pueda tardar diez años en conseguir un éxito instantáneo (sí, ya sé que parecen términos contradictorios), Capricornio es así y puede trabajar sin descanso hasta que logra un éxito atronador en el campo que haya elegido. Puede llegar a grandes alturas, como una cabra montesa de paso firme, pero siempre gracias al esfuerzo y al trabajo creativo y diligente.

Capricornio puede ser algo reservado, una reserva que, a veces, pasa por indiferencia. Y es cierto que se toma su tiempo para considerar los hechos y que toma sus decisiones en función de ellos y no del instinto. Este realismo es un rasgo muy atractivo, porque significa que Capricornio no teme a los altibajos de la vida: ya los ha previsto y sabe cómo abordarlos, lo que hace que los demás se sientan seguros a su lado. Aunque este realismo pueda parecer terquedad, no es así; lo que sucede es que Capricornio ha de estar seguro de lo que hace y se toma el tiempo que necesite para hacerlo bien. Y, sobre todo, la persona en la que más confía para ello es él mismo.

A veces tarda tanto tiempo que parece que evita comprometerse, porque la toma de decisiones no es algo en lo que se pueda precipitar. También tiene un sentido de la intimidad muy arraigado, por lo mucho que depende de sí mismo, y a veces puede parecer huraño, aunque lo cierto es que le encanta querer y ser querido, tanto como al que más. Y todo el que quiera a un Capricornio se verá recompensado, porque son amigos y amantes fieles y constantes, amables y siempre dispuestos a apoyar una vez se han comprometido. No deberíamos subestimar la devoción que son capaces de sentir.

Lo que también es cierto, y a veces inesperado, de Capricornio, es que tiene un sentido del humor excelente. No es pomposo ni estirado, sino que ve la vida de un modo astuto e irónico que puede ser refrescante y muy divertido. Como todos los signos de tierra, Capricornio es capaz de gozar de los placeres sensuales de la vida y de relajarse cuando está del humor adecuado y en compañía de las personas importantes para él. Una vez se ha relajado (y para conseguirlo se tiene que sentir seguro), Capricornio puede ser tan divertido como el que más.

AFLOJAR LA TIERRA

Las características clave de cualquier signo solar se pueden ver equilibradas (y en ocasiones reforzadas) por las características de otros signos en la misma carta astral, sobre todo los que corresponden al ascendente y a la Luna. Eso explica que pueda haber personas que aparentemente no acaban de encajar en su signo solar. Sin embargo, los rasgos Capricornio básicos siempre estarán ahí como una influencia clave e informando el modo de entender la vida de la persona.

La parte física de Capricornio

Capricornio, físicamente seguro de sí mismo y con buena coordinación, tiende a moverse con movimientos gráciles, deliberados y seguros, sin malgastar esfuerzos. Su aspecto físico suele ser ágil y equilibrado y su mirada, directa y segura. Es como si tuvieran una idea muy clara de a dónde se dirigen y de cómo llegarán hasta allí, algo que, de hecho, acostumbra a ser cierto. Quietos, desprenden una energía de seguridad y calma deliberada que rezuma serenidad. Y como su aspecto físico transmite tanta solidez como capacidad de reacción, la mera presencia de Capricornio hace que los demás se sientan a salvo.

Salud

La fuerza física de Capricornio los hace robustos por naturaleza y resistentes en general. Cuando enferman, tienden a recuperarse con rapidez, en parte porque tienen la sensatez de concederse el tiempo que necesiten para ello. No los encontrarás trabajando con una fiebre alta, porque son muy considerados con los demás y prefieren confinar sus gérmenes en casa para no contagiar a nadie. Los huesos y las articulaciones (sobre todo las rodillas) son uno de los puntos débiles de Capricornio, por lo que las contusiones, los tirones o las fracturas accidentales pueden ser un problema. Cuando llegan a una edad avanzada, también pueden desarrollar artritis u otros problemas ortopédicos.

Ejercicio físico

Hacer ejercicio es algo natural para Capricornio, al que se puede ver subiendo por las escaleras en lugar de usar el ascensor. Normalmente, aprovechan cualquier oportunidad para introducir la actividad física en su vida (por ejemplo, yendo a pie al trabajo o a hacer la compra, si es posible) para proteger su salud general. El gimnasio y las clases en grupo o los deportes de equipo también atraen al Capricornio social, aunque no son especialmente competitivos en esta faceta, por lo que los deportes individuales, como el tenis, no suelen ser de sus preferidos.

Cómo se comunica Capricornio

Contar con la plena atención de Capricornio no es difícil, porque siempre está interesado en los hechos y en evaluar la situación y sabe que escuchar ayuda. Sin embargo, escucha mejor si se aborda el tema directamente y sin rodeos, por lo que no demuestra demasiada paciencia con quienes le hacen perder el tiempo. Dicho esto, la inclinación natural de Capricornio es escuchar y ponderar cuidadosamente, sobre todo cuando se trata de cuestiones importantes para él, ya sean temas personales o profesionales, y acostumbra a elegir sus palabras con cuidado.

A Capricornio no le gusta demasiado la conversación intrascendente (que para él o ella puede incluir el flirteo, también), pero puede debatir con entusiasmo si se trata de un tema importante o que le interesa de verdad. Sin embargo, muy pocas veces usa palabras en balde ni discute por discutir. Si Capricornio está interesado de verdad, contarás con toda su atención y, si le caes bien, te lo demostrará con sus acciones. Para Capricornio, la vida es demasiado corta como para ir perdiendo el tiempo.

La carrera profesional de Capricornio

La mayoría de Capricornios son organizados por naturaleza y entienden cómo funcionan las organizaciones, lo que puede ser una gran ventaja en el mundo actual. Si a eso le sumamos su naturaleza sensata y sociable, encajan bien trabajando en grandes empresas. También es probable que Capricornio tienda a ir escalando en una organización hasta acercarse a la cima, ya sea consciente o inconscientemente. Ven los objetivos con claridad y, entonces, se esfuerzan en conseguirlos. En una empresa, podemos encontrar a Capricornio ocupando el puesto de ejecutivo, director de recursos humanos, planificador financiero o analista de negocio. La cuestión es buscar trabajos de este tipo, que suelen encontrarse en los sectores bancario o publicitario, el cine o incluso la enseñanza.

La carrera de derecho, con su necesidad de ponderación meticulosa, puede ser adecuada para Capricornio. Construir, ya se trate de erigir una casa o de diseñarla como arquitecto o diseñador de interiores, también tiene su atractivo, al igual que el diseño de escenarios teatrales o cinematográficos, especialmente si optimizar el presupuesto forma parte del proceso.

La compatibilidad de Capricornio

Ya hablemos de amor o de amistad, ¿cómo se lleva Capricornio con los otros signos? Conocer a otros signos y cómo interactúan entre ellos puede resultar útil a la hora de gestionar relaciones, porque entenderemos qué características de los signos solares armonizan o chocan entre sí. La estructura astrológica nos ayuda a tomar conciencia de ello, lo que puede resultar muy útil porque despersonaliza las posibles fricciones y suaviza lo que parece ser opuesto.

Para Capricornio, armonizar las relaciones puede ser más un problema que ponderar que una oportunidad que explorar. Sin embargo, las compatibilidades concretas dependerán del resto de influencias planetarias en su carta astral, que matizarán o intensificarán distintos aspectos de las características del signo solar, sobre todo las que, en ocasiones, pueden chocar con otros signos.

La mujer Capricornio

La mujer Capricornio
transmite un ingenio y un
potencial que parece afirmar:
«Soy real, sé a dónde voy
y cómo llegar allí». ¡Puede
resultar abrumador para los
pusilánimes! Aunque es muy
reservada, cuenta con una
vena romántica muy marcada
y es muy selectiva a la hora
de elegir pareja. Prefiere estar
soltera que perder el tiempo
con la persona equivocada.

MUJERES CAPRICORNIO DESTACADAS

Michelle Obama es el epítome de la mujer Capricornio: muy femenina,
decidida y precisa y con un toque divertido. Al igual que Catalina, la duquesa
de Cambridge, que hizo gala de paciencia y esperó a su príncipe. La cantante
Dolly Parton, la modelo Kate Moss, la diseñadora de moda Carolina Herrera y
la actriz Adriana Ugarte son Capricornio extraordinariamente femeninas y con
mucha fuerza interior.

El hombre Capricornio

Hay mucho que descubrir tras la actitud franca y con frecuencia práctica de este solitario tan atractivo. Si el hombre Capricornio ha empezado a ascender por la carrera profesional, es posible que no le quede demasiado tiempo para los grandes romances, aunque eso sea precisamente lo que anhela su corazón. Hay que ser perspicaz para ver más allá de la fachada fría de Capricornio y acceder a su lado más poético, que solo muestra cuando se siente seguro de su afecto.

El enigmático y ambicioso David Bowie trabajó sin descanso para hacer realidad sus sueños, igual que todo un símbolo de la libertad como es Joan Manuel Serrat. Los actores Bradley Cooper y Ricardo Darín presentan rasgos Capricornio similares y han tomado decisiones profesionales interesantes para llegar a la cima.

Capricornio y Aries

La naturaleza impulsiva de Aries es un problema inmediato para muchos Capricornio, que necesitan tiempo para reflexionar antes de tomar decisiones y pueden tener dificultades para creer que este extrovertido signo de fuego se pueda comprometer en absoluto. Sin embargo, ambos son ambiciosos, por lo que acostumbran a ser muy buenos amigos.

Capricornio y Tauro

Son dos signos prácticos con mucho en común: ambos valoran la seguridad y la posibilidad de construir un hogar. Admiran sus fortalezas respectivas y la estabilidad afectuosa de Tauro ayuda a Capricornio a superar su cautela y facilita que la pasión y el romance florezcan.

Capricornio y Géminis

Una vez superada la atracción inicial pueden aparecer problemas. La extravagancia excitable de Géminis pondrá a prueba la paciencia conservadora de Capricornio en prácticamente todos los frentes, mientras que su aéreo ingenio verbal puede hacer que este signo de tierra se sienta soso e incompetente.

Capricornio y Cáncer

Son signos opuestos, por lo que sus naturalezas se complementan, pero también están separadas por la necesidad de seguridad y de reafirmación constante de Cáncer y la disposición más bien práctica de Capricornio. La atracción sexual entre ellos es muy potente, pero, más allá de eso, cualquier cosa es posible.

Capricornio y Leo

Aunque haya cierta atracción inicial, en realidad Capricornio no puede entender la exuberancia y el egoísmo de Leo, que le resultan difíciles de tolerar. Además, la dosis diaria de adoración que Leo necesita es demasiado para el reservado y exigente Capricornio.

Capricornio y Virgo

Los dos aprecian la pulcritud y la organización, el estilo intelectual y la capacidad de esfuerzo del otro, por lo que este emparejamiento es armonioso. El único inconveniente podría ser que, con tanta cautela por ambas partes, la relación se acabe estancando.

Capricornio y Escorpio

Ambos tienen personalidades muy fuertes, por lo que es sorprendente que hagan tan buena pareja. Y es que la posesividad de Escorpio satisface la necesidad de seguridad de Capricornio y les permite forjar un vínculo sólido. Y, aunque a veces choquen y salten chispas, eso también alimenta su romance.

Capricornio y Libra

Al principio, el gusto de Libra por el arte, el lujo y el equilibrio entre la vida personal y la profesional puede atraer a Capricornio, pero, con el tiempo, chocarán por cuestiones de responsabilidad y disciplina. Los celos del signo de tierra tampoco ayudan demasiado.

Capricornio y Sagitario

El optimismo de Sagitario es maravillosamente vigorizante para la reserva de Capricornio y lo ayuda a tomarse la vida con más ligereza, pero con el tiempo se puede acabar sintiendo mal, como si no se lo estuvieran tomando en serio. Es un problema que Sagitario no sabe cómo resolver.

Capricornio y Acuario

La impredictibilidad de Acuario inquieta a Capricornio, que prefiere organización y rutinas, lo que, a su vez, irrita a Acuario. Sin embargo, más allá de esto, valoran sus diferencias, lo que puede hacer de ellos buenos amigos, si no parejas.

Capricornio y Piscis

Pueden formar una unión magnífica, porque la imaginación de Piscis alimenta los sueños de Capricornio, al tiempo que la capacidad de esfuerzo de ambos forja un compromiso mutuo. La naturaleza afectuosa de Piscis hace que Capricornio se sienta seguro, y las cosas también van bien en el dormitorio.

Capricornio y Capricornio

Son compatibles en prácticamente todos los frentes, desde la actitud hacia el trabajo hasta la vida social o incluso el dinero, y el pleno reconocimiento mutuo también facilita las cosas en el dormitorio. El único inconveniente que podría aparecer es la tendencia a que la vida sea un poco... monótona.

La escala del amor de Capricornio

Menos compatibles

Leo   Géminis   Aries   Acuario   Cáncer   Libra

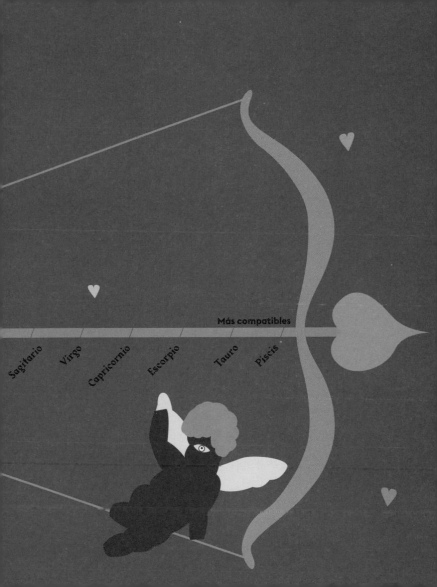

Más compatibles

Sagitario · Virgo · Capricornio · Escorpio · Tauro · Piscis

Capricornio

II.

en profundidad

En esta sección,
profundizaremos en cómo
puede estar impulsándote o
reteniéndote tu signo solar y
empezaremos a pensar en cómo
puedes usar ese conocimiento
para escoger tu camino.

El hogar
de
Capricornio

En su hogar, Capricornio prefiere muebles que puedan superar la prueba del tiempo, lo que puede incluir algunas piezas heredadas de la familia entre otras modernas, innovadoras y de diseño maravilloso. También les gusta que su hogar refleje lo que han conseguido en la vida y están dispuestos a gastarse el dinero en objetos que transmitan ese mensaje. Sin embargo, a veces Capricornio se inclina por piezas icónicas más estéticas que cómodas, por lo que habrá que buscar un término medio. La silla Wassily puede acabar siendo más un objeto que admirar que un mueble donde sentarse y Capricornio tendrá que usar cojines mullidos para garantizar una mínima comodidad.

De todos modos, por lo general Capricornio es lo bastante realista como para saber que hay que vivir en las casas y, por mucho que valore la artesanía, quiere un lugar que le haga sentir seguro y donde se pueda relajar después de una jornada de trabajo duro. Sin embargo, la mantendrá muy organizada, porque el desorden lo desequilibra y le gusta ser ordenado, aunque el estilo minimalista no sea su preferido. Es muy probable que el espacio esté muy bien armonizado, con muchos colores tierra, y tampoco sería de extrañar que Capricornio conociera a diseñadores de interior y proveedores de pintura de gama alta.

TRES CONSEJOS PARA CUIDARSE

★ Reflexiona con frecuencia sobre el equilibrio entre la vida personal y la laboral y sé (aún) más realista.

★ No te olvides de disfrutar de la vida de camino a la cima.

★ Haz ejercicio para reforzar la musculatura de las piernas.

Cuidados personales

Capricornio es uno de los signos solares más autónomos, por lo que no acostumbra a tener mucha dificultad a la hora de cuidar de sí mismo y del resto de su gente, pero dejarse cuidar por los demás, si lo necesita, ya no se le da tan bien. Esto significa que también puede ser su peor enemigo y estoico en exceso, lo que puede resultar muy exasperante para quienes se preocupan por él. Es más, esta fuerza de voluntad extrema hace que, a veces, se pase de la raya y luego necesite tiempo para recuperarse, cosa que detesta. ¡Es muy posible que Capricornio sea el peor paciente del Zodíaco!

Se trata de un signo reservado que se guarda sus pensamientos para sí y, a veces, esto puede dar lugar a una introspección negativa. Si a esto sumamos su tendencia a llevarse al extremo, pueden quedarse sin energía y descubrir que el cuerpo y la mente se rebelan contra ellos y, en lugar de descansar o de pedir ayuda para recuperarse, quizá recurran a automedicarse. De todos modos, por lo general Capricornio es demasiado sensato para permitir que esto le suceda y, aunque dosificarse no se le da demasiado bien, acaba aprendiendo a hacerlo, porque sabe que puede lograr más si se mantiene en forma que si cae de agotamiento.

TRES IMPRESCINDIBLES EN LA DESPENSA DE CAPRICORNIO

* Un bote de aceite de oliva con ajo asado casero, para dar un toque especial a cualquier plato.

* Cubos de caldo para esos días en los que elaborar un caldo de pollo es demasiado trabajoso.

* Amaranto, el supercereal con sabor a nuez que se puede preparar como palomitas de maíz para un tentempié rápido.

Capricornio:
la comida
y la cocina

Capricornio considera que la comida es, básicamente, combustible, algo que necesita para continuar con su vida industriosa. Le gusta comer, sobre todo si comparte mesa con familiares o amigos, pero cocinar no es su gran prioridad. Su cocina acostumbra a estar muy organizada y contar con múltiples aparatitos, pero no es el lugar donde Capricornio expresa mejor su creatividad, entre otras cosas porque prefiere que la comida sea predecible y ordenada y no deja espacio a la alquimia. Si una receta le sale mal, lo más probable es que la tire y pida comida para llevar en lugar de intentarlo de nuevo.

A Capricornio le gusta cocinar cuando dispone de mucho tiempo y puede organizarlo todo con antelación. Por lo tanto, prefiere eventos formales en lugar de comidas improvisadas o cenas en la cocina. Le resulta más fácil preparar un elaborado solomillo Wellington que improvisar un delicioso *risotto* con sobras. Pero si añadimos una dosis de competitividad, Capricornio brillará en la cocina.

TRES CONSEJOS SOBRE EL DINERO

★ No seas demasiado conservador con las inversiones, puedes arriesgar un poco.

★ Ahorra para el futuro, pero acuérdate de disfrutar de los placeres de la vida en el presente.

★ Recuerda que no te arruinarás por ceder a un impulso ocasional.

Cómo gestiona el dinero Capricornio

La seguridad es una de las prioridades principales para Capricornio, por lo que acostumbra a contar con un buen colchón económico y está dispuesto a esforzarse para conseguirlo. En consecuencia, pueden ser conservadores, o precavidos, en cuestiones financieras. No cabe duda de que esta cautela es rentable y que los Capricornio acostumbran a tener cuentas corrientes saludables e incluso pueden llegar a hacerse ricos con el tiempo. Seguro que fue un Capricornio quien ideó el antiguo refrán «Si cuidas de los peniques, las libras se cuidarán solas». Tienden a evitar el riesgo y acostumbran a estudiar y a evaluar cualquier tipo de inversión antes de finalizar la compra. Capricornio entiende mejor que nadie el valor del dinero, que representa un logro y que es un bien que podemos usar de manera efectiva. También sabe cómo hacer que trabaje para él. Ciertamente, pueden ser frugales, pero una vez se comprometen con una línea de actuación financiera, lo más probable es que les salga bien.

Capricornio y su jefe

Fiable hasta el extremo, Capricornio es puntual, anticipa las necesidades de su jefe y hace el trabajo sin quejarse. Sí, todo eso es estupendo, pero puede suceder que el compromiso de Capricornio con su trabajo sea un medio para conseguir un fin: el «trabajo» de su jefe, a quien tiene que tratar con cuidado. Aunque la célebre capacidad de trabajo de Capricornio casi no tiene igual, en lo que concierne a la relación con el jefe conviene que sea consciente de los límites (y de las posibilidades) de su propia función en el trabajo, para no inquietar a su superior.

El trabajador Capricornio puede avanzar profesionalmente a bastante velocidad una vez ha encontrado un entorno profesional de su gusto, que suele ser en una empresa −normalmente grande− en la que se sienta seguro. Sin embargo, otro de los rasgos que caracterizan a Capricornio es su capacidad para anteponer el bien común a sus objetivos personales para asegurarse de que el equipo funcione bien. Es posible que no le guste perder el tiempo en reuniones, pero reunirse y comunicarse bien con sus superiores es una buena manera de tenerlos de su lado. Cuando es así, Capricornio puede forjar su propio camino y avanzar en cualquiera que sea la política de la empresa para alcanzar el éxito.

TRES CONSEJOS PARA TRATAR AL JEFE

* Sé paciente en las reuniones; no todo el mundo entiende las cosas con la rapidez de un Capricornio.

* Cuando prepares el ascenso, haz de tu jefe un aliado mostrándote flexible.

* Recuérdale a tu jefe que, aunque a veces necesitas tu tiempo, los resultados hablan por sí mismos.

TRES CONSEJOS PARA UNA VIDA MÁS FÁCIL

* Intenta no alterarte si las cosas no se hacen *exactamente* como te gustaría.

* Déjate llevar de vez en cuando; la espontaneidad es importante.

* Incluye tiempo de ocio, la vida es para vivirla, no solo para trabajar.

Vivir con Capricornio

Siempre que los compañeros de piso o parejas sean parecidos (es decir, más bien reservados, organizados y ordenados), vivir con Capricornio es bastante fácil. Sin embargo, puede haber roces cuando Capricornio llega a casa después de un largo día de trabajo y descubre que el lavavajillas no se ha puesto correctamente o que el montón de ropa sucia amenaza con desplomarse en una esquina. A Capricornio le resulta tan sencillo preocuparse de estas cosas que le cuesta entender que a otros no les suceda lo mismo. Y cuando convive con alguien, puedes apostar a que habrá una lista de horarios y de tareas colgada en la pared de la cocina. Es posible que, en algunos casos, se sienta obligado a organizar toda la casa. Y no solo las tareas, sino también la vida social.

Si no se le echa encima una fecha límite, Capricornio puede ser una compañía relativamente relajada. Son seres genuinamente sociales y les gusta tener gente a su alrededor, por lo que no suelen necesitar desaparecer de vez en cuando para cargar las pilas. La planificación es fundamental para Capricornio, que es un anfitrión generoso y prefiere asegurarse de que todo sea perfecto para sus invitados y no arriesgarse a improvisar, así que si alguien intenta presentarse en su casa de forma espontánea, es más que probable que se encuentre con un anfitrión bloqueado.

Capricornio
y las
rupturas

Capricornio tiene los pies en el suelo y es muy práctico, por lo
que en ocasiones puede parecer muy frío cuando su relación
de pareja termina. Tanto si han sido ellos los que rompen
como si no, tienden a adoptar una actitud muy pragmática: no
funcionaba, así que lo mejor es dejarlo y a otra cosa. Además, y
esto es muy Capricornio, cuando menos se diga, antes se supera.
Sin rencor. El problema es que como se había comprometido de
verdad con la relación, lo más probable es que el aparentemente
inmutable Capricornio lo esté pasando peor de lo que parece.
Es posible que su ex piense que Capricornio ha pasado página
completamente y no le queda ni el menor sentimiento, pero
no es cierto. Si ha amado y perdido (por el motivo que sea),
Capricornio necesitará tiempo para recuperarse. No es de los que
se lanzan a otra relación por despecho; eso debería bastar a su ex
para entender lo importante que fue para él o ella en el pasado.

TRES CONSEJOS PARA UNA RUPTURA MÁS FÁCIL

* Olvídate de poner buena cara al mal tiempo. Las rupturas son dolorosas y es normal estar triste.

* Recuerda que puedes salir a conocer gente y divertirte de vez en cuando.

* No descartes a una posible pareja solo porque no cumple inmediatamente con todos tus requisitos.

Cómo quiere Capricornio que le quieran

Sentirse seguro es una parte importante de cómo quiere ser amado Capricornio. No es en absoluto que sea dependiente, sino que su autonomía emocional es una especie de defensa contra la pérdida de tiempo, algo que solo puede superar sintiéndose seguro. Hay que ser perspicaz para darse cuenta de que la posible reserva inicial de Capricornio puede formar parte de un proceso de evaluación y que solo recompensará con su atención a la persona que lo esté cortejando cuando esté completamente seguro de ella.

Al contrario de lo que pudiera parecer, Capricornio es un signo al que le gusta ser conquistado y cortejado. Sí, es idealista, pero eso significa que también idealiza el romance más evidente. ¿A quién no le gustan las rosas rojas? Eso sí, ha de ser auténtico. Capricornio es muy sensible a las motivaciones de los demás y, a veces, puede dar la sensación de que uno tiene que demostrar su buena fe una y otra vez.

Capricornio quiere que lo amen completamente, pero es lo suficientemente realista como para saber lo difícil que es encontrar a una alma gemela de verdad. Y eso tiene que ver con el gran valor que otorga a las relaciones. Son cruciales para él, pero eso no significa que esté dispuesto a perder tiempo en algo que quizás no salga bien. Suena muy duro, pero el amor es tan importante para Capricornio que está dispuesto a renunciar a todo lo que no sea amor verdadero.

Aunque el romance es claramente importante para Capricornio, es poco probable que le dé prioridad sobre las consideraciones de futuro. ¿Es esta «la» persona para siempre? Capricornio siempre mira al futuro y planifica para ello, por lo que quiere ser querido por alguien que tenga una visión similar de un futuro compartido. Dada su naturaleza reservada, la única manera de saber cómo quiere ser amado Capricornio es prestarle mucha atención.

De todos modos, hay que encontrar un equilibrio, porque Capricornio es también (como el resto de signos de tierra) sensual y muy consciente de los placeres de la carne, que disfruta mucho. Reconoce que puede ser una manera de llegar a conocer al otro y también puede ser muy realista en este aspecto. Para muchos Capricornio, el amor físico es una expresión directa del amor mental y esta faceta terrenal puede resultar sorprendente dada su tendencia a la precaución. Aun así, puedes apostar lo que quieras a que no hará el menor movimiento sin antes haber reflexionado cuidadosamente sobre la situación. Y, una vez se comprometen, es muy poco probable que den un paso atrás.

TRES CONSEJOS PARA AMAR A CAPRICORNIO

* Ten paciencia: amar a Capricornio es un maratón, no un *sprint*.

* Capricornio necesita ser muy independiente, pero también necesita sentirse seguro para sentirse amado.

* Si no puedes hablar de ello (sea de lo que sea), te costará conquistarlo.

La vida sexual de Capricornio

Capricornio tiende a ser una persona sensual y terrenal con un impulso sexual potente. Acostumbran a sentirse bien con su cuerpo y les gusta expresar el amor con una sensualidad cuasi poética. Las experiencias apresuradas en un pajar no son lo suyo, quieren tener tiempo, estar cómodos, con una temperatura agradable e iluminación suave. No buscan tanto el lujo como sentirse lo suficientemente seguros para expresarse y eso puede requerir cierta previsión y planificación. Por contradictorio que pueda sonar, Capricornio necesita tiempo y reflexión para ser espontáneo en la cama.

La fidelidad sexual acostumbra a ser la norma con Capricornio. Una vez comprometidos son leales y se pueden mostrar bastante conservadores en este aspecto. Y, aunque a Capricornio le gusta que lo seduzcan (la estimulación mental es muy importante), una vez se ha decidido, no perderá tiempo hablando. Dicho esto, cuando se sienten cómodos y seguros no temen decir lo que les gusta y qué quieren de su amante. Además, quieren un amante semejante a ellos, que se sienta seguro de sí mismo y sepa lo que se hace. Aunque puedan parecer muy rígidos (es uno de los rasgos de Capricornio), una vez comprometido se relaja de un modo maravilloso.

saber

más

Tu signo solar nunca te ofrece la imagen completa. En este apartado, aprenderás a leer los matices de tu carta astral y accederás a otro nivel de conocimientos astrológicos.

Tu carta astral

Tu carta astral es una instantánea de un momento concreto, en un lugar concreto, en el preciso momento de tu nacimiento y, por lo tanto, es absolutamente individual. Es como un plano, un mapa o un certificado de existencia que plantea rasgos e influencias que son posibles, pero que no están escritos en piedra. Es una herramienta simbólica a la que puedes recurrir y que se basa en las posiciones de los planetas en el momento de tu nacimiento. Si no tienes acceso a un astrólogo, ahora cualquiera puede obtener su carta astral en línea en cuestión de minutos (en la p. 108 encontrarás una lista de sitios y de aplicaciones para ello). Incluso si desconoces la hora exacta de tu nacimiento, saber la fecha y el lugar de nacimiento basta para confeccionar las bases de una plantilla útil.

Recuerda que en astrología nada es intrínsecamente bueno ni malo y que no hay tiempos ni predicciones explícitas: se trata más de una cuestión de influencias y de cómo estas pueden afectarnos, ya sea positiva o negativamente. Y si disponemos de cierta información y de herramientas con las que abordar, ver o interpretar nuestras circunstancias y nuestro entorno, tenemos algo con lo que empezar.

Vale la pena que, cuando leas tu carta astral, entiendas todas las herramientas que la astrología pone a tu alcance; no solo los signos astrológicos y lo que cada uno de ellos representa, sino también los 10 planetas que menciona la astrología y sus características individuales, además de las 12 casas y lo que significan. Por separado, estas herramientas ofrecen un interés pasajero, pero cuando empieces a ver cómo encajan las unas con las otras y se yuxtaponen, la imagen global te resultará más accesible y empezarás a desentrañar información que te puede resultar muy útil.

Hablando en términos generales, cada uno de los planetas sugiere un tipo distinto de energía, los signos zodiacales proponen distintas maneras en que esa energía se puede manifestar y las casas representan áreas de experiencia en las que puede operar dicha manifestación.

Lo siguiente que debemos añadir son las posiciones de los signos en cuatro puntos clave: el ascendente y su opuesto, el descendente; y el medio cielo y su opuesto, el fondo del cielo, por no mencionar los distintos aspectos que generan las congregaciones de signos y planetas.

Ahora será posible ver lo sutil que puede llegar a ser la lectura de una carta astral, lo infinita que es su variedad y lo altamente específica que es para cada persona. Con esta información y una comprensión básica del significado simbólico y de las influencias de los signos, los planetas y las casas de tu perfil astrológico único, puedes empezar a usar estas herramientas para que te ayuden a tomar decisiones en distintos aspectos de la vida.

Cómo leer tu carta astral

Si ya tienes tu carta astral, ya sea manuscrita o por un programa en línea, verás un círculo dividido en 12 segmentos, con información agrupada en varios puntos que indican la posición de cada signo zodiacal, en qué segmento aparecen y hasta qué punto. Independientemente de las características relevantes para cada uno, todas las cartas siguen el mismo patrón a la hora de ser interpretadas.

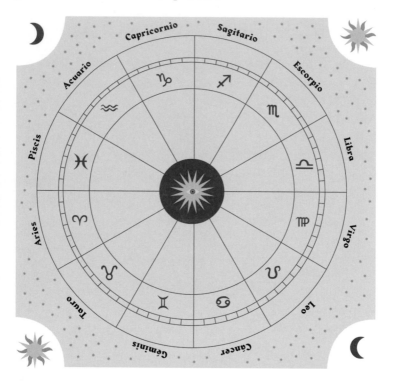

La carta astral se elabora a partir de la hora y el lugar de nacimiento y de la posición de los planetas en ese momento.

Si piensas en la carta astral como en una esfera de reloj, la primera casa (en las pp. 95-99 hablo de las casas astrológicas) empieza en el 9 y se sigue a partir de ahí en sentido antihorario, desde la primera casa hasta la duodécima, pasando por los 12 segmentos de la carta.

El punto inicial, el 9, es también el punto por el que el Sol sale en tu vida y te da el ascendente. Enfrente, en el 3 de la esfera del reloj, encontrarás el signo descendente. El medio cielo (MC) está en el 12 y su opuesto, el fondo del cielo (IC) está en el 6 (más información en las pp. 101-102).

Entender la importancia de las características de los signos zodiacales y de los planetas, de sus energías concretas, de sus ubicaciones y de sus relaciones entre ellos puede ayudarnos a entendernos mejor, tanto a nosotros mismos como a los demás. En nuestra vida cotidiana, la configuración cambiante de los planetas y de sus efectos también se entiende mucho mejor con un conocimiento básico de astrología y lo mismo sucede con las pautas recurrentes que unas veces refuerzan y otras entorpecen oportunidades y posibilidades. Si trabajamos con estas tendencias, en lugar de contra ellas, podemos hacer que nuestra vida sea más fácil y, en última instancia, más exitosa.

El efecto de la Luna

Si tu signo solar representa la conciencia, la fuerza vital y la voluntad individual, la Luna representa la faceta de tu personalidad que tiendes a mantener más oculta, o en secreto. Estamos en el territorio del instinto, de la creatividad y del inconsciente que, en ocasiones, nos llevan a lugares que nos cuesta entender. Esto es lo que otorga tanta sutileza y tantos matices a la personalidad, mucho más allá del signo solar. Es posible que tengas el Sol en Capricornio y todo lo que eso significa, pero eso puede verse contrarrestado por una Luna muy empática y emocional en Cáncer; o quizás tengas el Sol en el efusivo Leo, pero también la Luna en Acuario, con la rebeldía y el desapego emocional que eso supone.

Las fases de la Luna

La Luna orbita alrededor de la Tierra y tarda unos 28 días en dar una vuelta completa. Como vemos más o menos Luna en función de cuánta luz del Sol refleje, nos da la impresión de que crece y decrece. Cuando la Luna es nueva para nosotros, la vemos como un mero filamento. A medida que crece, refleja más luz y pasa de luna creciente a cuarto creciente y de ahí a luna gibosa creciente y a luna llena. Entonces, empieza a decrecer y pasa a gibosa menguante, luego a cuarto menguante, y vuelta a empezar. Todo esto sucede en el transcurso de cuatro semanas. Cuando tenemos dos Lunas llenas en un mes del calendario gregoriano, llamamos Luna azul a la segunda.

Cada mes, la Luna también recorre un signo astrológico, como sabemos por nuestras cartas astrales. Esto nos ofrece más información (una Luna en Escorpio puede ejercer un efecto muy distinto que una Luna en Capricornio) y, en función de nuestra carta astral, ejercerá una influencia distinta cada mes. Por ejemplo, si la Luna en tu carta astral está en Virgo, cuando la Luna astronómica entre en Virgo ejercerá una influencia adicional. Para más información, consulta las características de los signos (pp. 12-17).

El ciclo de la Luna tiene un efecto energético que podemos ver con claridad en las mareas oceánicas. Astrológicamente, como la Luna es un símbolo de fertilidad y, además, sintoniza con nuestra faceta psicológica más profunda, podemos usarla para centrarnos con mayor profundidad y creatividad en los aspectos de la vida que sean más importantes para nosotros.

Los eclipses

Hablando en términos generales, un eclipse ocurre cuando la luz de un cuerpo celeste queda tapada por otro. En términos astrológicos, esto dependerá de dónde estén el Sol y la Luna en relación con otros planetas en el momento del eclipse. Por lo tanto, si un eclipse solar está en la constelación de Géminis, ejercerá una influencia mayor sobre el Géminis zodiacal.

Que un área de nuestras vidas quede iluminada u oculta nos invita a que le prestemos atención. Los eclipses acostumbran a tener que ver con los principios y los finales y, por eso, nuestros antepasados los consideraban acontecimientos portentosos, señales importantes a las que había que hacer caso. Podemos saber con antelación cuándo ha de ocurrir un eclipse y están cartografiados astronómicamente; por lo tanto, podemos evaluar con antelación su significado astrológico y actuar en consecuencia.

Los 10 planetas

En términos astrológicos (no astronómicos, porque el Sol es en realidad una estrella), hablamos de 10 planetas y cada signo astrológico tiene un planeta regente. Mercurio, Venus y Marte rigen dos signos cada uno. Las características de cada planeta describen las influencias que pueden afectar a cada signo y toda esa información contribuye a la interpretación de la carta astral.

La Luna

Este signo es el principio opuesto del Sol, con el que forma una díada, y simboliza lo femenino, la contención y la receptividad, la conducta más instintiva y emotiva.

Rige el signo de Cáncer.

El Sol

El Sol representa lo masculino y simboliza la energía que da vida, lo que sugiere una energía paterna en la carta astral. También simboliza nuestra identidad, o ser esencial, y nuestro propósito vital.

Rige el signo de Leo.

Mercurio

Mercurio es el planeta de la comunicación y simboliza la necesidad de dar sentido, entender y comunicar nuestros pensamientos mediante palabras.

Rige los signos de Géminis y Virgo.

Venus

El planeta del amor tiene que ver con la atracción, la conexión y el placer, y en la carta de una mujer simboliza su estilo de feminidad, mientras que en la de un hombre representa a su pareja ideal.

Rige los signos de Tauro y Libra.

Marte

Este planeta simboliza la energía pura (por algo Marte era el dios de la guerra), pero también nos dice en qué áreas podemos ser más asertivos o agresivos y asumir riesgos.

Rige los signos de Aries y Escorpio.

Saturno

En ocasiones, Saturno recibe el nombre de maestro sabio. Simboliza las lecciones aprendidas y las limitaciones, y nos muestra el valor de la determinación, la tenacidad y la fortaleza emocional.

Rige el signo de Capricornio.

Júpiter

Júpiter es el planeta más grande de nuestro sistema solar y simboliza la abundancia y la benevolencia, todo lo que es expansivo y jovial. Al igual que el signo que rige, también tiene que ver con alejarse de casa en viajes y misiones de exploración.

Rige el signo de Sagitario.

Urano

Este planeta simboliza lo inesperado, ideas nuevas e innovación, además de la necesidad de romper con lo viejo y recibir lo nuevo. Como inconveniente, puede indicar una dificultad para encajar y la sensación derivada de aislamiento.

Rige el signo de Acuario.

Plutón

Alineado con Hades (*Pluto*, en latín),
el dios del inframundo o de la muerte,
este planeta ejerce una fuerza muy
potente que subyace a la superficie y
que, en su forma más negativa, puede
representar una conducta obsesiva y
compulsiva.

Rige el signo de Escorpio.

Neptuno

Asociado al mar, trata de lo que
hay bajo la superficie, bajo el
agua y a tanta profundidad que
no podemos verlo con claridad.
Sensible, intuitivo y artístico, también
simboliza la capacidad de amar
incondicionalmente, de perdonar
y olvidar.

Rige el signo de Piscis.

Los cuatro elementos

Si agrupamos los doce signos astrológicos según los cuatro elementos de tierra, fuego, aire y agua, accedemos a más información que, esta vez, nos remonta a la medicina de la antigua Grecia, cuando se creía que el cuerpo estaba compuesto por cuatro fluidos o «humores» corporales. Estos cuatro humores (sangre, bilis amarilla, bilis negra y flema) se correspondían con los cuatro temperamentos (sanguíneo, colérico, melancólico y flemático), las cuatro estaciones del año (primavera, verano, otoño e invierno) y los cuatro elementos (aire, fuego, tierra y agua).

Si las relacionamos con la astrología, estas cualidades simbólicas iluminan más las características de los distintos signos. Carl Jung también las usó en su psicología y aún decimos de las personas que son terrenales, ardientes, aéreas o escurridizas en su actitud ante la vida, mientas que a veces decimos que alguien «está en su elemento». En astrología, decimos que los signos solares que comparten un mismo elemento son afines, es decir, que se entienden bien.

Al igual que sucede con todos los aspectos de la astrología, siempre hay una cara y una cruz, y conocer la «cara oscura» nos puede ayudar a conocernos mejor y a determinar qué podemos hacer para mejorarla o equilibrarla, sobre todo en nuestras relaciones con los demás.

Aire

GÉMINIS * LIBRA * ACUARIO

Estos signos destacan en el terreno de las ideas. Son perceptivos, visionarios y capaces de ver la imagen general y cuentan con una cualidad muy reflexiva que los ayuda a destensar situaciones. Sin embargo, demasiado aire puede disipar las intenciones, por lo que Géminis puede ser indeciso, Libra tiende a sentarse a mirar desde la barrera y Acuario puede desentenderse de la situación.

Fuego

ARIES * LEO * SAGITARIO

Estos signos despiden calidez y energía y se caracterizan por una actitud positiva, una espontaneidad y un entusiasmo que pueden ser muy inspiradores y motivadores para los demás. La otra cara de la moneda es que Aries tiende a precipitarse, Leo puede necesitar ser el centro de atención y Sagitario puede tender a hablar mucho y actuar poco.

Tierra

TAURO ✱ VIRGO ✱ CAPRICORNIO

Estos signos se caracterizan por disfrutar de los placeres sensuales, como la comida y otras satisfacciones físicas, y les gusta tener los pies en el suelo, por lo que prefieren basar sus ideas en hechos. El inconveniente es que Tauro puede parecer testarudo, Virgo puede ser un tiquismiquis y Capricornio puede tender a un conservadurismo empedernido.

Agua

CÁNCER ✱ ESCORPIO ✱ PISCIS

Los signos de agua son muy sensibles al entorno, como el vaivén de la marea, y pueden ser muy perceptivos e intuitivos, a veces hasta niveles asombrosos, gracias a su sensibilidad. La otra cara de la moneda es que tienden a sentirse abrumados y Cáncer puede tender tanto a la tenacidad como a protegerse a sí mismo, Piscis parecerse a un camaleón en su manera de prestar atención y Escorpio ser impredecible e intenso.

Signos mutables, fijos y cardinales

Además de clasificarlos según los cuatro elementos, también podemos agrupar los signos en función de las tres maneras en las que sus energías pueden actuar o reaccionar. Así, las características específicas de cada signo adquieren más profundidad.

Cardinales

ARIES ✳ CÁNCER ✳ LIBRA ✳ CAPRICORNIO

Son signos de acción, con una energía que toma la iniciativa y hace que las cosas comiencen. Aries tiene la visión; Cáncer, la emoción; Libra, los contactos, y Capricornio, la estrategia.

Fijos

TAURO ✳ LEO ✳ ESCORPIO ✳ ACUARIO

Más lentos, pero también más tenaces, estos signos trabajan para desarrollar y mantener las iniciativas que han lanzado los signos cardinales. Tauro ofrece consuelo físico; Leo, lealtad; Escorpio, apoyo emocional, y Acuario, buenos consejos. Podemos confiar en los signos fijos, aunque tienden a resistirse al cambio.

Mutables

GÉMINIS ✳ VIRGO ✳ SAGITARIO ✳ PISCIS

Son signos capaces de amoldarse a ideas, lugares y personas nuevos, tienen una capacidad única para adaptarse a su entorno. Géminis tiene una gran agilidad mental; Virgo es práctico y versátil; Sagitario visualiza las posibilidades, y Piscis es sensible al cambio.

Las 12 casas

La carta astral se divide en 12 casas, que representan otras tantas áreas y funciones en la vida. Cuando nos dicen que tenemos algo en una casa específica, como por ejemplo Libra (equilibrio) en la quinta casa (creatividad y sexo), podemos interpretar de un modo determinado las influencias que pueden surgir y que son específicas a la forma en que podemos abordar ese aspecto de nuestra vida.

Cada casa se asocia a un signo solar y, por lo tanto, cada una representa algunas de las características de ese signo, del que decimos que es su regente natural.

Se considera que tres de estas casas son místicas y tienen que ver con nuestro mundo interior, o psíquico: la cuarta (hogar), la octava (muerte y regeneración) y la duodécima (secretos).

1.ª casa

LA IDENTIDAD

REGIDA POR ARIES

Esta casa simboliza la personalidad: tú, quién eres y cómo te representas, qué te gusta y qué no, y tu manera de entender la vida. También representa cómo te ves y lo que quieres de la vida.

2.ª casa

LOS RECURSOS

REGIDA POR TAURO

La segunda casa simboliza tus recursos personales, lo que posees, incluido el dinero, y cómo te ganas la vida y adquieres tus ingresos. También tu seguridad material y las cosas físicas que llevas contigo a medida que avanzas por la vida.

3.ª casa

LA COMUNICACIÓN

REGIDA POR GÉMINIS

Esta casa habla de la comunicación y de la actitud mental y, sobre todo, de cómo te expresas. También de cómo encajas en tu familia y de cómo te desplazas a la escuela o al trabajo e incluye cómo piensas, hablas, escribes y aprendes.

4.ª casa

EL HOGAR

REGIDA POR CÁNCER

Esta casa habla de tus
raíces, de tu hogar u hogares
presentes, pasados y futuros,
por lo que comprende tanto
tu infancia como tu situación
doméstica actual. También de
lo que el hogar y la seguridad
representan para ti.

5.ª casa

LA CREATIVIDAD

REGIDA POR LEO

Descrita como la casa de la creatividad
y del juego, también comprende el
sexo y se asocia al instinto creativo y a
la libido en todas sus manifestaciones.
También incluye la especulación en
las finanzas y el amor, los juegos, la
diversión y el afecto: todo lo referente
al corazón.

6.ª casa

LA SALUD

REGIDA POR VIRGO

Esta casa tiene que ver con la salud,
la física y la mental, y lo sólidas que
son: tanto las nuestras como las de las
personas a las que queremos, cuidamos
o apoyamos, desde familiares hasta
compañeros de trabajo.

7.ª casa

LAS RELACIONES

REGIDA POR LIBRA

Esta casa, opuesta a la primera, refleja los objetivos compartidos y las relaciones íntimas, tu elección de pareja y lo exitosas que pueden ser las relaciones. También refleja las asociaciones y los adversarios en tu mundo profesional.

8.ª casa

LA REGENERACIÓN Y LA MUERTE

REGIDA POR ESCORPIO

Entiende «muerte» como regeneración o transformación espiritual: esta casa también representa los legados y lo que heredas después de la muerte, tanto en rasgos de personalidad como materialmente hablando. Y como la regeneración necesita sexo, esta casa también es la del sexo y las emociones sexuales.

9.ª casa

LOS VIAJES

REGIDA POR SAGITARIO

Esta es la casa de los viajes a larga distancia y de la exploración, así como de la apertura de mente que el viaje puede traer consigo y de cómo se expresa. También refleja la difusión de ideas, que puede traducirse en esfuerzos literarios o de publicación.

11.ª casa

LAS AMISTADES

REGIDA POR ACUARIO

La undécima casa representa los grupos de amistades y de conocidos, la visión y las ideas. No trata de la gratificación inmediata, sino de los sueños a largo plazo y de cómo estos se pueden hacer realidad si somos capaces de trabajar en armonía con los demás.

12.ª casa

LOS SECRETOS

REGIDA POR PISCIS

Se la considera la casa más espiritual y es también la del inconsciente, los secretos y lo que puede estar oculto; es el metafórico esqueleto en el armario. También refleja las maneras encubiertas en que podemos sabotearnos a nosotros mismos y bloquear nuestro propio esfuerzo negándonos a explorarlo.

10.ª casa

LAS ASPIRACIONES

REGIDA POR CAPRICORNIO

Representa nuestras aspiraciones y nuestro estatus social, cuán arriba (o no) deseamos estar socialmente, nuestra vocación y nuestra imagen pública y lo que nos gustaría conseguir en la vida mediante nuestro propio esfuerzo.

El ascendente

El ascendente es el signo del Zodíaco que aparece en el horizonte justo al alba del día en que nacemos y depende del lugar y de la hora de nacimiento. Por eso, cuando hablamos de astrología resulta útil conocer la hora de nacimiento, porque el ascendente ofrece mucha información acerca de los aspectos de tu personalidad que son más evidentes, de cómo te presentas y de cómo te perciben los demás. Por lo tanto, aunque tu signo solar sea Capricornio, si tienes ascendente Cáncer es posible que se te perciba como a una persona con instinto maternal, con un compromiso significativo con la vida doméstica, en un sentido o en otro. Conocer tu ascendente (o el de otra persona) te puede ayudar a entender por qué da la impresión de que no hay una relación directa entre la personalidad y el signo solar.

Si sabes la hora y el lugar en que naciste, calcular el ascendente con una herramienta en línea o una aplicación es muy fácil (p. 108). Pregúntale a tu madre o a algún familiar o consulta tu partida de nacimiento. Si la carta astral fuera una esfera de reloj, el ascendente estaría en el 9.

El descendente

El descendente nos da una indicación de un posible compañero de vida, a partir de la idea de que los opuestos se atraen. Una vez conocido el ascendente, calcular el descendente es muy sencillo, porque siempre está a seis signos de distancia. Así, si tu ascendente es Virgo, tu descendente es Piscis. Si la carta astral fuera una esfera de reloj, el descendente estaría en el 3.

El medio cielo (MC)

La carta astral también indica la posición del medio cielo (del latín *medium coeli*), que refleja tu actitud hacia el trabajo, la carrera profesional y tu situación profesional. Si la carta astral fuera una esfera de reloj, el MC estaría en el 12.

El fondo de cielo (IC)

Para terminar, el fondo de cielo (o IC, por el latín *imum coeli*, que alude a la parte inferior del cielo), refleja tu actitud hacia el hogar y la familia y también tiene que ver con el final de tu vida. Tu IC está enfrente de tu MC. Por ejemplo, si tu MC es Acuario, tu IC será Leo. Si la carta astral fuera una esfera de reloj, el IC estaría en el 6.

El retorno de Saturno

Saturno es uno de los planetas más lentos y tarda unos 28 años en completar su órbita alrededor del Sol y regresar al lugar que ocupaba cuando naciste. Este regreso puede durar entre dos y tres años y es muy evidente en el periodo previo al trigésimo y el sexagésimo aniversarios, a los que acostumbramos a considerar cumpleaños importantes.

Como en ocasiones la energía de Saturno puede resultar muy exigente, no siempre son periodos fáciles en la vida. Saturno es un maestro sabio o un supervisor estricto y algunos consideran que el efecto de Saturno es «cruel para ser amable», al igual que los buenos maestros, y nos mantiene en el camino como un entrenador personal riguroso.

Cada uno experimenta el retorno de Saturno en función de sus circunstancias personales, pero es un buen momento para recapacitar, abandonar lo que ya no nos sirve y reconsiderar nuestras expectativas, al tiempo que asumimos con firmeza qué nos gustaría añadir a nuestra vida. Por lo tanto, si estás pasando, o a punto de pasar, por este evento vital, recíbelo con los brazos abiertos y aprovéchalo, porque lo que aprendas ahora (acerca de ti mismo, fundamentalmente) te será muy útil, por turbulento que pueda llegar a ser, y puede rendir dividendos en cómo gestionas tu vida durante los próximos 28 años.

La retrogradación de Mercurio

Incluso las personas a quienes la astrología no interesa demasiado se dan cuenta de cuándo Mercurio se encuentra retrógrado. Astrológicamente, la retrogradación es un periodo en el que los planetas están estacionarios pero, como nosotros seguimos avanzando, da la impresión de que retroceden. Antes y después de cada retrogradación hay un periodo de sombra en el que podríamos decir que Mercurio ralentiza o acelera su movimiento y que también puede ser turbulento. En términos generales, se aconseja no tomar ninguna decisión relativa a la comunicación durante una retrogradación y, si se acaba tomando, hay que tener en cuenta que es muy posible que no sea la definitiva.

Como Mercurio es el planeta de la comunicación, es fácil entender por qué preocupa su retrogradación y la relación de esta con los fracasos comunicativos (ya sean del tipo más tradicional, como cuando enviábamos una carta y se perdía, o la variedad más moderna, como cuando el ordenador se cuelga y nos causa problemas).

La retrogradación de Mercurio también puede afectar a los viajes, por ejemplo con retrasos en los vuelos o los trenes, atascos de tráfico o accidentes. Mercurio también influye en las comunicaciones personales –escuchar, hablar, ser escuchado (o no)– y puede provocar confusión y discusiones. También pude afectar a acuerdos más formales, como contratos de compraventa.

Estos periodos retrógrados ocurren tres o cuatro veces al año y duran unas tres semanas, con un periodo de sombra antes y después. En función de cuándo sucedan, coincidirán con un signo astrológico específico. Si, por ejemplo, ocurre entre el 25 de octubre y el 15 de noviembre, su efecto tendrá que ver con las características de Escorpio. Por otro lado, las personas cuyo signo solar sea Escorpio o que tengan a Escorpio en lugares importantes de su carta, experimentarán un efecto más intenso.

Es fácil encontrar las fechas de retrogradación de Mercurio en tablas astrológicas, o efemérides, y en línea: se pueden usar para evitar planificar en esas fechas eventos que se pudieran ver afectados. Para saber cómo la retrogradación de Mercurio te puede afectar más personalmente, necesitas conocer bien tu carta astral y entender las combinaciones más específicas de los signos y los planetas en la misma.

Si quieres superar con más tranquilidad una retrogradación de Mercurio, has de tener presente la probabilidad de que surjan problemas, así que, en lo posible, prevé que habrá algún retraso y comprueba los detalles un par de veces o tres. No pierdas la actitud positiva si algo que esperabas se pospone y entiende este periodo como una oportunidad para hacer una pausa, repasar y reconsiderar ideas tanto en tu vida personal como en la profesional. Aprovecha el tiempo para corregir errores o reajustar planes, para estar preparado cuando la energía se desbloquee y todo pueda fluir con más facilidad.

Agradecimientos

Quiero transmitir un agradecimiento especial
a mi fiel equipo de Tauros. En primer lugar,
a Kate Pollard, directora editorial, por su
pasión por los libros maravillosos y por haber
encargado esta colección. Y a Bex Fitzsimons,
por su edición tan benévola como meticulosa.
Y, finalmente, a Evi O. Studio, cuyo talento
dibujando e ilustrando han producido estas
pequeñas obras de arte. Con un equipo tan
lleno de estrellas, estos libros no pueden más
que brillar. Y os doy las gracias por eso.

Acerca de la autora

Stella Andromeda estudia astrología desde hace más de treinta años y está convencida de la utilidad de conocer las constelaciones celestes y sus posibles interpretaciones psicológicas. La traducción de sus estudios en libros ofrece una visión moderna y accesible de la antigua sabiduría de las estrellas, que transmite su firme convicción de que la reflexión y el autoconocimiento nos hacen más fuertes. Con su sol en Tauro, ascendente Acuario y Luna en Cáncer, utiliza la tierra, el aire y el agua para inspirar su viaje astrológico personal.

La edición original de esta obra ha sido publicada en
el Reino Unido en 2019 por Hardie Grant Books, sello editorial
de Hardie Grant Publishing, con el título

Capricorn: A Guide To Living Your Best Astrological Life

Traducción del inglés
Montserrat Asensio

Primera edición: *febrero de 2020*

Impreso en China
Depósito legal: B 24046-2019
Código Thema: VXFAI

ISBN 978-84-16407-80-4